Anwendungsmöglichkeiten der Blockchain in der Supply Chain

Lars Vieten

Bibliografische Information der Deutschen Nationalbibliothek:

Die Deutsche Nationalbibliothek verzeichnet diese Publikation in der Deutschen Nationalbibliografie; detaillierte bibliografische Daten sind im Internet über http://dnb.d-nb.de abrufbar.

ISBN: 9783346674159
Dieses Buch ist auch als E-Book erhältlich.

© GRIN Publishing GmbH
Nymphenburger Straße 86
80636 München

Druck und Bindung: Books on Demand GmbH, Norderstedt Germany
Gedruckt auf säurefreiem Papier aus verantwortungsvollen Quellen

Das vorliegende Werk wurde sorgfältig erarbeitet. Dennoch übernehmen Autoren und Verlag für die Richtigkeit von Angaben, Hinweisen, Links und Ratschlägen sowie eventuelle Druckfehler keine Haftung.

Das Buch bei GRIN: https://www.grin.com/document/1246137

FOM Hochschule für Ökonomie & Management

Hochschulzentrum Düsseldorf

Berufsbegleitender Studiengang zum Bachelor of Sience (B. Sc.) in Wirtschaftsinformatik

5. Semester

Seminararbeit im Modul

Web-Technologie

zum Thema

Anwendungsmöglichkeiten der Blockchain in der Logistik

Autor: Lars Vieten
Abgabedatum: 07.02.2021

Inhaltsverzeichnis

1 Einleitung

„[Blockchain] is the biggest opportunity set we can think of over the next decade or so"
– Nasdaq CEO Robert Greifeld.[1]

Branchenübergreifend wurde weltweit erkannt, welche Potenziale die Blockchain Technologie mit sich bringt. Gartner prognostiziert, dass der durch die Blockchain generierte Unternehmenswert bis 2025 auf 176 Milliarden US-Dollar und bis 2030 auf 3,1 Billionen US-Dollar ansteigen wird.[2] Auch im Supply Chain Management und der Logistik erweitern sich die Perspektiven und neue Anwendungsmöglichkeiten entstehen. Durch das große Netzwerk verschiedener Akteure in der Supply Chain und der zunehmenden Digitalisierung, sowie neuer Technologien, muss ein sicherer Datenaustausch gewährleistet werden. Die Blockchain Technologie bietet hierbei die Möglichkeit sicher, dezentral, fehlerresistent und vor allem ohne die Notwendigkeit der Akteure sich untereinander zu vertrauen, monetäre Transaktionen, den Austausch von Daten oder Vertragsabwicklungen, durchzuführen.

Ausgehend von den zuvor beschriebenen vierversprechenden Zukunftsaussichten, die die Blockchain-Technologie mit sich bringt, soll die wissenschaftliche Arbeit aufklären, welche Anwendungsmöglichkeiten die Blockchain in der Supply Chain hat. Es soll untersucht werden, ob sich die Eigenschaften der Blockchain mit den Zielen der Supply Chain und der Logistik vereinbaren lassen.

Die vorliegende Arbeit gliedert sich in vier Teile. Zunächst soll ein generelles Verständnis für die Blockchain-Technologie, die Supply Chain einhergehend mit der Logistik geschaffen werden. Mit dem Wissen über die Themengebiete sollen diese dann verknüpft und mögliche Anwendungsmöglichkeiten beschrieben werden. Aus den Erkenntnissen sollen im Anschluss die wichtigsten Ergebnissee zusammengetragen werden. Die vorliegende Arbeit schließt mit einem Fazit ab und soll einen Ausblick in die Zukunft geben.

Da der Umfang der Arbeit begrenzt ist bleibt eine Betrachtung der aktuellen Ist-Situation der exakt genutzten Technologie der Logistikdienstleister aus. Außerdem wird nicht auf

---

[1] *Shin, L.*, Bitcoin's Shared Ledger Technology, 2015.
[2] Vgl. *Gartner*, Digital Disruption Profile, 2021.

die Umsetzbarkeit der Integration von Blockchains in die Firmeninternen Prozesse eingegangen. Die aktuelle weltweite rechtliche Situation im Bezug auf den Datenschutz wird nicht geprüft.

2 Blockchain

Die Blockchain hat ihren Ursprung in der Kryptowährung Bitcoin, die von Satoshi Nakamoto in einem Whitepaper im Jahr 2008 vorgestellt wurde.[3]

Die definierten zentralen Eigenschaften der Bitcoin Blockchain sind dabei das peer-to-peer Netzwerk, welches es erlaubt online Transaktionen direkt von einer zur anderen Partei, unterstützt durch einen Konsens-Mechanismus durchzuführen, ohne eine intermediäre finanzielle Institution.[4] Die Teilnehmer (Knoten) geben die Daten untereinander weiter, sodass jeder dauerhaft den aktuellen Stand besitzt.[5] Dies ist zugleich die fundamentale Theorie der Blockchain und wird „distributed ledger" (verteiltes Hauptbuch) genannt.[6] Des Weiteren erfolgt eine chronologisch, verteilte Speicherung der Transaktionen mittels Zeitstempeln. Jeder Knoten Zugriff auf jede Transaktion und die gesamten historischen Daten der Blockchain. Die Knoten verfügen über eine eindeutig identifizierbare Adresse, sodass zu jederzeit nachvollzogen werden kann, welcher Knoten an welcher Transaktion beteiligt war.[7] Dies schafft Transparenz. Die Transaktionen werden dauerhaft und unveränderbar in der Blockchain gespeichert. Um Transaktionen nachwirkend zu verändern, müsste ein Knoten mehr als 51% des Netzwerkes kontrollieren.

Englisch, Auer und Domingue unterscheiden in ihrem Whitepaper zusätzlich zwischen einer öffentlichen und einer privaten Blockchain.[8]

2.1 Blockchain-Arten

Blockchain Technologien können in drei verschiedene Arten unterteilt werden.

Auf der Public Blockchain kann jeder Knoten Transaktionen überprüfen und verifizieren, sowie an der Konsens-Bildung beteiligt sein. Bitcoin beispielsweise hat eine Public Blockchain.

---

[3] Vgl. *Sixt, E.*, Blockchains als Basis einer Kryptoökonomie, 2017, S. 5.
[4] Vgl. *Lin, Iuon-Chang, Liao, Tzu-Chun*, A Survey of Blockchain Security, 2017, S. 653.
[5] Vgl. *Satoshi Nakamoto*, Bitcoin: A Peer-to-Peer Electronic Cash System, 2008, S. 1 f.
[6] Vgl. *Vincenzo Morabito*, Business innovation through blockchain, 2017, S. 4 f.
[7] Vgl. *Lin, Iuon-Chang, Liao, Tzu-Chun*, A Survey of Blockchain Security, 2017, S. 653 f.
[8] Vgl. *English, Matthew, Auer, Sören, Domingue, John*, Block Chain Technologies, 2016.

Bei der Private Blockchain sind die Knoten eingeschränkt und nicht jeder kann an der Blockchain teilnehmen. Es liegt eine strenge Verwaltung der teilnehmenden Knoten vor.

Auf der Consortium Blockchain können Daten öffentlich oder private sein. Die Knoten, welche auf der Blockchain agieren werden vorher ausgewählt. Die Blockchain kann als teilweise dezentralisiert angesehen werden.[9]

Außerdem wird bei Blockchains zwischen permissioned und permissionless Systemen unterschieden. Permissioned Blockchains können mit private Blockchains gleichgesetzt werden. Es obliegt einer Prüfung der Identität durch eine Instanz mittels KYB- (Know you Business) oder KYC- (Know Your Customer) Verfahren. In permissionless Systemen ist die Identität der Teilnehmer anonym und kann somit mit der Public Blockchain verglichen werden.[10]

2.2 Prinzip und Funktionsweise der Blockchain

Kurz nach Veröffentlichung der Bitcoin-Clientversion im Januar 2009 wurde der erste, sogenannte Genesis Block von Satoshi Nakamoto erstellt.[11] Ein Block besteht aus einer gewissen Anzahl an Transaktionen, welche durch eine festgelegten Menge an Megabyte bestimmt ist.[12]

Eine Bitcoin Transaktion enthält als Daten die Sender und Empfänger Adresse, sowie den Betrag und die Transaktionsreferenzen von früheren Transaktionen, die den aktuellen Besitz eines Nutzers (einer Adresse) darstellt. Diese wird durch ein Schlüsselpaar aus privaten und öffentlichen Schlüssel verschlüsselt. Neue Transaktionen werden an alle Netzknoten versendet, damit die Validität dezentral geprüft wird. Diese werden dann in einem Block zusammengefasst und der Blockchain hinzugefügt. Jeder Block enthält die Verschlüsselungswerte (sogenannte Hashwerte) der einzelnen Transaktionen, sowie einen aus diesen Werten kreierten Hashwert. Dieser wird mittels kryptografischer Hashfunktion generiert. Ein Block besitzt im Header zusätzlich zum eigenen Hashwert als Referenz den Hashwert des vorherigen Blocks. Dadurch entsteht die Blockchain (siehe Abbildung 1).[13] Sollte eine Transaktion innerhalb eines Blockes verändert werden,

---

[9] Vgl. *Lin, Iuon-Chang, Liao, Tzu-Chun*, A Survey of Blockchain Security, 2017, S. 655.
[10] Vgl. *Sixt, E.*, Blockchains als Basis einer Kryptoökonomie, 2017, S. 13 f.
[11] Vgl. *Sixt, E.*, Blockchains als Basis einer Kryptoökonomie, 2017, S. 29 f.
[12] Vgl. *Vincenzo Morabito*, Business innovation through blockchain, 2017, S. 65.
[13] Vgl. *Volker Brühl*, Bitcoins, Blockchain und Distributed Ledgers, 2017.

so ändert sich ebenfalls der Hashwert des Blockes. Dadurch werden alle darauffolgenden Blöcke ungültig, da der Hashwert des vorherigen Blocks nicht mehr stimmt.[14]

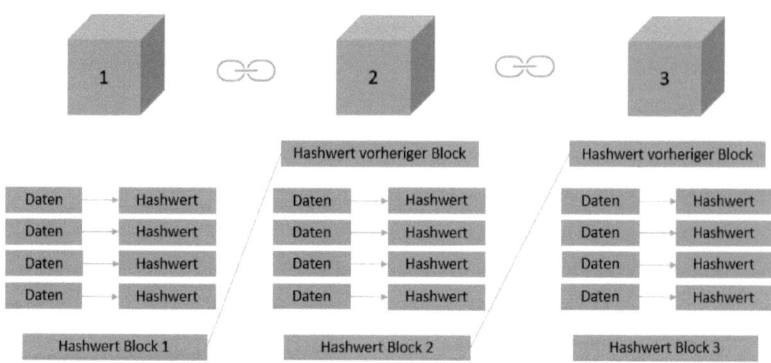

Abbildung 1: Aufbau der Blockchain
Quelle: eigene Darstellung

Um die Validität der Transaktionen zu prüfen, werden Konsens-Mechanismen verwendet. Alle Blockchain Knoten sollen eine Übereinstimmung der Transaktionen haben, sodass garantiert werden kann, dass der letzte Block, der der Kette hinzugefügt wurde bei jedem Teilnehmer die gleichen Daten enthält.[15] Die am häufigsten verwendeten Konsens-Mechanismen sind Proof of Work und Proof of Stake.

Die Bitcoin Blockchain verwendet den Proof Of Work Mechanismus. Hierbei wird dem in Abbildung 2 zu sehenden Aufbau der Blockchain eine Nonce (Number used once) hinzugefügt. Dies ist eine Zahl, welche vom Netzwerkteilnehmer lediglich durch Probieren ermittelt werden kann.[16] Die Schwierigkeit der Berechnung wird der Rechenleistung im Netzwerk angepasst, sodass die Erstellung eines Blocks in einem stetigen 10 Minuten Intervall gewährleistet werden. Der Knoten, der als ersten einen Block komplettiert, teilt den restlichen Knoten den Hashwert mit. Dieser wird dann von den restlichen Knoten mit in den Block aufgenommen. Das Ermitteln der Nonce erhebt einen hohen Verbrauch an Rechenleistung und damit einen hohen Energieverbrauch.[17]

---

[14] Vgl. *Sixt, E.*, Blockchains als Basis einer Kryptoökonomie, 2017, S. 13.
[15] Vgl. *Lin, Iuon-Chang, Liao, Tzu-Chun*, A Survey of Blockchain Security, 2017, S. 654.
[16] Vgl. *Sixt, E.*, Blockchains als Basis einer Kryptoökonomie, 2017, S. 13.
[17] Vgl. *Lin, Iuon-Chang, Liao, Tzu-Chun*, A Survey of Blockchain Security, 2017, S. 654.

Mit dem Proof of Stake wird das Problem des hohen Energieverbrauchs behoben. Entscheidend für die Wahrscheinlichkeit den nächsten Block zu erstellen sind die hinterlegten Anteile (Coins) am Gesamtvolumen. Umso höher der Anteil ist, umso höher ist die Wahrscheinlichkeit den nächsten Block erstellen zu dürfen. Die Ressource, von der die Sicherheit des Netzwerkes abhängt ist also der Coin selbst.[18]

2.3 Smart Contract: Ethereum

Im Jahr 2015 wurde die Ethereum Plattform von Vitalik Buterin entwickelt, die es ermöglicht zusätzlich zu Transaktionen, dezentrale Apps (Dapps) und Smart Contracts zu speichern. Der Hauptunterschied zu der Bitcoin Blockchain ist die vollständige Programmierbarkeit der Blockchain durch eine turing-vollständige Programmiersprache.[19] Die Turing Vollständigkeit kann als eine universelle Programmierbarkeit eines Systems verstanden werden.[20] Die Dapps werden aus Frontend Sicht auf einem leistungsfähigen Spezialbrowser ausgeführt, welcher eine nutzerfreundliche Installation und Interaktion ermöglicht. Dadurch soll eine Tier-3-Architektur entstehen, welche einen modernen Browser als Client nutzt, dazu die Blockchain als gemeinsame Ressource und ein virtuelles Netzwerk von Computern, um Smart Contracts dezentral auszuführen.[21]

Smart Contracts wurden erstmals von Nick Szabo im Jahr 1997 beschrieben. Die programmierten digitalen Verträge sind mit einer Verifikation mit Hilfe von kryptografischen Protokollen und digitalen Sicherheitsmechanismen ausgestattet.[22] Swan sieht Smart Contracts als Methode zur Definition einer Vereinbarung mit einer Person über die Blockchain. Diese Vereinbarungen werden mit einer Programmiersprache codiert. Die Vertragsinhalte wie Währung, Betrag, Vertragspartner, Zeit, Datum, Ereignis (Auslöser) werden vorher festgelegt. Ein definierter Eventtrigger löst den Smart Contract aus. Im Anschluss erfolgt der Werttransfer. Zusätzlich können beispielsweise auch physische Werte (Güter) als off-chain Anweisung ausgeführt werden.[23]

---

[18] Vgl. *King, Sunny, Nadal, Scott*, PPCoin: Peer-to-Peer Crypto-Currency with Proof-of-Stake, 2012.
[19] Vgl. *Sixt, E.*, Blockchains als Basis einer Kryptoökonomie, 2017, S. 189-191.
[20] Vgl. *Sixt, E.*, Blockchains als Basis einer Kryptoökonomie, 2017, S. 15 f.
[21] Vgl. *Sixt, E.*, Blockchains als Basis einer Kryptoökonomie, 2017, S. 191.
[22] Vgl. *Nick Szabo*, The Idea of Smart Contracts, 1997.
[23] Vgl. *Swan, M.*, Blockchain: Blueprint for a new economy, 2015, S. 16-18.

3 Logistik

Logistik zielt darauf ab, einen einheitlichen Plan für den Waren- und Informationsfluss zu erstellen. Sie bietet die Grundlage, dass Supply Chain Management funktioniert, indem sie den Fluss zwischen den einzelnen Akteuren unterstützt.[24]

3.1 Definition

Zu den Kernaufgaben der Logistik gehören nach Christopher die Bereitstellung, Bewegung und Lagerung von Gütern, wodurch eine aktuelle und zukünftige Maximierung der Profitabilität geschaffen werden soll. Die Logistik unterstützt die Supply Chain durch die Planung, Durchführung und Kontrolle.[25] Zu den Aufgaben der Logistik gehört unter anderem das Logistik-Controlling, das Lagermanagement, die Kommissionierung, der Versand/Verpackung und das Beschaffungsmanagement. Die zunehmende Auswirkung des Internets auf die Logistik zieht eine Notwendigkeit der regelmäßigen Anpassung und optimalen Integration der Supply Chain nach sich.[26]

Zudem steigt die Zahl der KEP-Dienste (Kurier-, Express-, Paketdienste) jährlich. Mit einem Wachstum von 10,9 % ist die Zahl der KEP-Sendungen in Deutschland auf 4,05 Mrd. angestiegen.[27] Bei der zunehmenden Nachfrage und steigenden Komplexität der KEP bedarf es der Nutzung von modernsten Informationstechnologien.[28]

3.2 Supply Chain Management

Eine Supply Chain ist die Liefer- und Versorgungskette. Hierbei handelt es sich um ein Netzwerk von Lieferanten, Dienstleistern und weiteren Geschäftspartnern, die an einer Produktion beteiligt sind. Die Kette reicht vom Beschaffungs- bis zum Entsorgungsprozess. Die einzelnen Prozesse innerhalb der Supply Chain sind aufeinander abgestimmt.[29]

Supply Chain Management strebt eine Verknüpfung und Koordination zwischen den Prozessen anderer Akteure, d.h. Lieferanten und Kunden, sowie der Organisation selbst

---

[24] Vgl. *Christopher, M.*, Logistics & supply chain management, 2016, S. 2.
[25] Vgl. *Christopher, M.*, Logistics & supply chain management, 2016, S. 11 f.
[26] Vgl. *Wannenwetsch, H.*, Supply Chain im Zeitalter der Digitalisierung, 2021, S. 19.
[27] Vgl. *Bundesverband Paket & Express Logistik*, BIEK - Zahlen & Fakten, 2020.
[28] Vgl. *Wannenwetsch, H.*, Supply Chain im Zeitalter der Digitalisierung, 2021, S. 790 f.
[29] Vgl. *Lehmacher, W.*, Wie Logistik unser Leben prägt, 2013, S. 3.

an. Um den Erfolg zu garantieren, wird vorausgesetzt, dass die Akteure Informationen untereinander teilen und Prozesse aus unterschiedlichen Blickwinkeln koordinieren.[30] Für die Optimierung der Supply Chain und Steigerung der Performance kann zwischen Lieferantenleistung, Herstellung, Kundenanforderung, als auch dem Produkt und dem Prozess unterschieden werden.[31] Effektivität und Effizienz stehen hierbei im Vordergrund. Ein Unternehmen kann Wettbewerbsvorteile wie die zielgerechte und bestmögliche Befriedigung der Kundenwünsche mittels Angebot unterschiedlicher Dienstleistungen wie der Sendungsverfolgung, sowie einer Reduzierung der Kosten der Kernprozesse, als auch einer erhöhten Lagerverfügbarkeit und Reduzierung der Durchlaufzeiten, erzielen.[32]

3.3 Sendungsverfolgung

Die Sendungsverfolgung ist ein wesentlicher Bestandteil der Supply Chain, welcher im Wandel der Digitalisierung einen immer höheren Stellenwert erhält. Es wird genutzt, um den Informationsfluss zwischen den einzelnen Akteuren zu unterstützen. Mittels Sendungsverfolgung kann die Planung der Ankunftszeit der Paketzustellung damit die Sicherstellung der Just-In-Time Lieferung verbessert werden.[33] Dazu werden die Kundenbedürfnisse durch transparente und zuverlässige Lieferungen befriedigt.[34]

Die Sendungsverfolgung wird in Tracking und Tracing unterteilt. Tracking ist die Möglichkeit, jederzeit den aktuellen Status eines Gutes zu ermitteln, während Tracing einen Einblick in vergangene Status und die Herkunft des Gutes, der Einzelteile oder Rohstoffe ermöglicht. Tracing basiert auf den historischen Daten wie beispielsweise frühere Standorte, Lagerung, Verarbeitung, Wartung, Nutzung. Relevant für Tracking und Tracing ist das Konzept der Vorhersage, d.h. die Fähigkeit, die wahrscheinlichen zukünftigen Status eines Objektes zu bestimmen.[35]

Ziele der Sendungsverfolgung sind die Transparenz und die Nachvollziehbarkeit im Supply Chain Management. Transparenz wird dabei im Glossar des Council of Supply

---

[30] Vgl. *Christopher, M.*, Logistics & supply chain management, 2016, S. 3.
[31] Vgl. *Davis, T.*, Effective supply chain management, 1993, S. 42-45.
[32] Vgl. *Cooper, M. C.,Ellram, L. M.*, 1993, S. 15-18.
[33] Vgl. *Christopher, M.*, Logistics & supply chain management, 2016, S. 204 f.
[34] Vgl. *Wannenwetsch, H.*, Supply Chain im Zeitalter der Digitalisierung, 2021, S. 594.
[35] Vgl. *Kelepouris, Thomas, Theodorou, Lila, McFarlane, Duncan et. al.*, Track and Trace Requirements Scoping, 2006, S. 3.

Chain Management Professionals als Zugriff auf Informationen unabhängig von der Systemlandschaft oder -architektur beschrieben. Dabei soll der Kunde beispielsweise die Möglichkeit haben über eine Website des Anbieters die Warenverfügbarkeit oder die aktuellen Versandinformationen von einem Logistikdienstleister zu erhalten. Nachvollziehbarkeit wird als Möglichkeit den Standort der Sendung zu verfolgen und während, während sie sich durch den Versandprozess zum Kunden bewegt, sowie die Fähigkeit die Herkunft und die Disposition einzelner Chargen- oder Seriennummerierungen zu bestimmen.[36]

Um die Ware erfolgreich zu verfolgen, werden Sendungsverfolgungssysteme eingesetzt. Eine Möglichkeit ist die Verwendung von Barcodes (maschinell lesbarer Strichcode) die mittels Scanner eingelesen werden. oder RFID-Chips (Radio-frequency identification), eine kontaktlose Transpondertechnologie, die mit Hilfe eines Lese-/Schreibgerätes eingelesen wird. Beide Technologien werden durch ein Datenverarbeitungssystem unterstützt. Vorteilig bei dieser Art der Sendungsverfolgung ist der hohe Standardisierungsgrad und die geringen Kosten. Nachteilig ist, dass es sehr arbeitsintensiv ist und die es anfällig für menschliche Fehler ist. Außerdem ist es abhängig vom Vorhandensein einer Identifikations-Infrastruktur ist.[37]

Durch den Einsatz von GSM (Global System for Mobile Communication) kann eine laufende Verfolgung oder durch GPS (Global Positioning System) eine kontinuierliche Erfassung ermöglicht werden. GPS basiert auf der Technologie von 24 US-militärgesteuerten Satelliten, welche eine hohe Ortungsgenauigkeit bis hin zur Ermittlung der Bewegungsrichtung und Geschwindigkeit ermöglicht. GPS kann jedoch nur im Freien verwendet werden und eine kontinuierliche Erfassung des aktuellen Aufenthaltsortes führt zu einer hohen Menge an Daten. GSM ermittelt eine genaue Position mit Hilfe von Mobilfunk. Die Daten werden nicht über das Internet übertragen, was die Cybersicherheit verbessert.[38]

---

[36] Vgl. *Council of Supply Chain Management Professionals*, SCM Definitions, 2013.
[37] Vgl. *Hillbrand, Christian, Schöch, Robert*, Shipment Localization, 2006, S. 93 f.
[38] Vgl. *Hillbrand, Christian, Schöch, Robert*, Shipment Localization, 2006, S. 94 f.

4 Anwendungsmöglichkeiten

Im Folgenden werden nun geeignete Anwendungsmöglichkeiten der Blockchain-Technologie beschrieben.

4.1 Tracking und Tracing

Ein äußerst vielversprechender Anwendungsfall für die Blockchain ist die Nachverfolgung von Objekten. Im nachstehenden Abschnitt soll mit der TrackChain grob die Einbettung der Blockchain in die IT-Architektur erläutert werden. Im Anschluss werden dann weitere aktuelle Projekte und Pilotprojekte beschrieben.

4.1.1 TrackChain

Die Nachverfolgung unternehmens- und länderübergreifende Nachvollziehung von Güterströmen, sowie die Erfassung von Logistik-Ereignissen (Supply Chain Events) über die gesamte Supply Chain ist aktuell nahezu undenkbar. Das Ziel der TrackChain ist eine erweiterbare, dezentrale und vertrauenswürdige Infrastruktur zur Erfassung von Supply Chain Events zu bilden.

In der Blockchain Infrastruktur der TrackChain sollen Events irreversibel und manipulationsgeschützt gespeichert werden. Events verfügen dabei über den Erfassungszeitpunkt und können damit einen Zeitverlauf der Ereignisse darstellen. Event-Daten werden ausschließlich an berechtige Clients kontrolliert freigegeben. Die TrackChain nutzt eine Art der permissioned Blockchain, um zu verhindern, dass Daten an alle Teilnehmer des Systems geschickt werden. Dadurch sollen personenbezogene Daten im Sinne der EU-DSGVO und geschäftskritische Daten geschützt werden. Das Problem wird gelöst, indem Daten für einen bestimmten Empfänger verschlüsselt werden. Nach der Prüfung der Identität werden die verschlüsselten Einträge auf der Blockchain für den Empfänger einsehbar. Hiermit werden traditionelle Konzepte der Zugriffskontrolle, welche bis dato immer einen vertrauenswürdigen Server, der die Entscheidung über den Zugriff trifft in kryptografischen Operationen abgebildet. Für den Datenaustausche zwischen Akteur und Blockchain werden REST-APIs genutzt.[39] REST-API ist eine simple, standardisierte, skalierbare Schnittstelle mit einer hohen

---

[39] Vgl. *Schütte, Julian, Gall, Mark*, TrackChain: Blockchain-basiertes Track & Trace, 2020, S. 2.

Performance. Der Vorteil ist, dass der Client sich bei einem Request wie beispielsweise das Erstellen eines Events sendet, autorisieren muss. Für die Umsetzung werden insgesamt drei APIs genutzt. Die Blockchain-API ist für die Kommunikation mit der Blockchain zuständig. Sie sorgt dafür, dass Daten auf die Blockchain geschrieben oder eingelesen werden können. Die Document-API Ver- und Entschlüsselt Daten, sodass verschlüsselte Daten in einem öffentlichen Document Store gelagert werden können. Zuletzt die TrackChain-API, durch die Events der Anwendungsfälle wie die Übergabe eines Paketes von zwischen Akteuren der Supply Chain protokolliert werden. Dabei nutzt die TrackChain-API die Blockchain-API, um Hashes eines Events in der Blockchain zu speichern. In den Dokumenten eines Anwendungsfalles können sich beispielsweise Absender- oder Empfängeradresse befinden. Diese werden wie beschrieben über die Document-API verschlüsselt und im Document Store abgelegt. Für die Ermittlung der Sensordaten werden Bluetooth-Sensoren in den Paketen und RFID-Tags. Die Bluetooth-Sensoren senden permanent Daten, die dann zuerst ausgewertet werden. Sobald ein Schwellenpunkt überschritten ist, wird ein Event an die TrackChain-API übermittelt. Die RFID-Tags übermitteln nur Informationen an die TrackChain, wenn sich ein Paket in der Nähe befindet.[40]

4.1.2 CryptoTechAG

Die CryptoTechAG verknüpft GSM-fähige Sensoren mit der Blockchain, um den Transport von Gütern zu überwachen. Dabei erhält der Kunde in Echtzeit einen Statusbericht über den Standort, die Temperatur und die Luftfeuchtigkeit der Produkte. Ein wichtiger Aspekt ist hierbei die Überwachung der Temperatur, wodurch ein transparenter Transport Medizin- oder Lebensmittelprodukten garantiert werden kann. Des Weiteren können alle berechtigten Parteien auf die Informationen der Blockchain zugreifen, um sicher zu stellen, dass Grenzwerte und Vertragsinhalte eingehalten werden. Durch die Echtzeitfähigkeit kann präventiv auf Schäden reagiert werden.[41]

---

[40] Vgl. *Schütte, Julian, Gall, Mark*, TrackChain: Blockchain-basiertes Track & Trace, 2020, S. 6 f.
[41] Vgl. *Wannenwetsch, H.*, Supply Chain im Zeitalter der Digitalisierung, 2021, S. 583.

4.1.3 Starbucks

Starbucks bietet den Kunden durch die Nutzung der Blockchain die Möglichkeit den Weg des Kaffees über die gesamte Lieferkette vom Bauern bis zum Becher nachzuverfolgen. Dafür hat das Unternehmen eine Funktion für seine mobile App entwickelt, die den Kunden Informationen darüber anzeigt, woher der verpackte Kaffee kommt, wo er angebaut wurde und was Starbucks macht, um die Bauern an diesen Orten zu unterstützen, wo und wann er geröstet wurde und Verkostungsnotizen. Durch das Scannen eines QR-Codes können die Informationen direkt auf dem Smartphone abgerufen werden. Die digitale Rückverfolgbarkeit in Echtzeit ermöglicht es den Kunden mehr über die Bohnen zu erfahren. Zudem kommt ein potenzieller Nutzen für den Kaffeebauern nachverfolgen zu können wohin ihre Bohnen nach Verkauf gelangen. Die geschaffene Transparenz liegt auf der Azure Blockchain von Microsoft. Die Teilnehmern können, neben des Trackings ebenfalls jede Zustandsveränderung einsehen.[42]

4.1.4 BASF reciChain

Das Projekt reciChain von BASF soll den Wert der Zirkularität von Kunststoffen belegen und einen stärkeren Anreiz zum Recycling schaffen. Die Blockchain Plattform soll dabei eine bessere Sortierung, Rückverfolgbarkeit und Transparenz über die gesamte Wertschöpfungskette in einem kollaborativem Modell ermöglichen. Im Februar 2020 startete BASF die Pilotplattform als Antwort auf eines der drängendsten Umweltprobleme, dem Plastikmüll. Es soll die Kunststoffabfälle reduzieren, den Wert maximieren und die Ressourceneffizienz verbessern. Die Plattform kombiniert die Leistungsfähigkeit der Blockchain mit einer digitalen Badge- und Loop-Count-Technologie (Abzeichen auf den Kunststoffabfällen und eine Zählerschleife), die den sicheren Datenaustausch zwischen Marktteilnehmern ermöglicht und gleichzeitig die Sortierung, Rückverfolgung und Überwachung von Kunststoffen entlang der gesamten Wertschöpfungskette verbessert. Das Ergebnis ist eine wettbewerbsfähige, zirkuläre Supply Chain anstelle einer linearen, wodurch der Lebenszyklus von Kunststoffen verlängert wird. Durch die erhöhte Transparenz, die die reciChain mit sich bringt, kann

---

[42] Vgl. *Sokolowsky, J.*, Starbucks Blockchain, 2019.

die Plattform Markeninhabern eine bessere Sicherheit hinsichtlich der Gültigkeit, der von ihnen von Recyclern und Verarbeitern erworbenen Zertifikate bieten.[43]

4.2 Blockchain-Technologie im Supply Chain Management

Das transaktionsorientierte Konzept der Blockchain kann bei erfolgreicher Integration in bestehende IT-Unternehmenslandschaften neue Potenziale entfalten. In Kombination mit Enterprise-Ressource-Planning-Systemen (ERP) können neue Geschäftsprozesse geschaffen oder bestehende im Bereich des Supply Chain Managements verbessert werden. Durch das teils fehlende Vertrauen zwischen Geschäftspartnern, manuellen Prozessschritten und Medienbräuchen entsteht oft ein administrativer Mehraufwand und lange Prozessdurchlaufzeiten innerhalb der Supply Chain. Während stand heute mit unternehmensinternen ERP-Systemen mit isolierten Datenbänken gearbeitet wird, könnte zukünftig mittels Blockchain eine unternehmensübergreifende Datenbasis mit einem Single-Point-of-Truth gebildet werden. Der Vorteil darin liegt in der Steigerung des Vertrauens zwischen den Handelspartnern durch die gegebene Transparenz, sowie schnellere und kostengünstigere Prozessabwicklung.[44]

Der Procure-to-pay Prozess inkludiert alle Schritte von der Bedarfsanforderung über den Kauf der Ware, sowie der Lieferung bis hin zur Zahlung. Aktuell werden oftmals noch Bestellungen per PDF-Datei an den Lieferanten übermittelt, der diese dann auswerten und bei sich im System einpflegen muss. Mit der Blockchain-Technologie können Bestellungen in Echtzeit transparent aufgegeben werden. Mit der Bestätigung der Bestellung kann die Blockchain einschließlich notwendiger Informationen wie zum Beispiel Liefertermin oder Incoterms aktualisiert werden und ein Kundenauftrag durch einen Smart Contract automatisch generiert werden. Im Smart Contract kann nicht nur die formalen Bedingungen, sondern beispielsweise auch sämtliche Artikelinformationen inklusive dessen Entstehungsgeschichte (Herkunft, Verarbeitung, Umschlagspunkte) enthalten. Da die Bestellung sowie die Lieferbestätigung auf der Blockchain gespeichert sind fällt die Notwendigkeit einer Rechnung weg. Transaktionen können unabhängig von Papierrechnungen mittels Smart Contracts auf der Blockchain abgewickelt werden. Im Anschluss kann die Zahlung auf der Blockchain ausgeführt werden, Bestell- und

---

[43] Vgl. *Meischen, K.*, BASF reciChain, 2021.
[44] Vgl. *Linke, D.,Strahringer, S.*, Integration einer Blockchain in ein ERP-System, 2018, S. 1342 f.

Lieferdetails übereinstimmen. Als nächstes kann die Versandvorabmitteilung und der Zahlungsvorschlag bei der Bank auf der Blockchain hinterlegt werden. Diese Daten sind dann in Echtzeit einsehbar für alle berechtigten Akteure.[45] Hierbei bietet sich wie bei der TrackChain eine Art der permissioned Blockchain an, die die Einsicht auf bestimmte Daten durch einen Autorisierungsprozess limitiert.

BASF hat bereits ein erfolgreiches in Kooperation mit Evonik und der Commerzbank durchgeführt. Eine gemeinsame Blockchain bietet die Möglichkeit zur effizienten Abwicklung von bilateralen Supply-Chain-Prozessen zwischen Unternehmen. Hierbei wurden Gegenseitige Forderungen durch einen programmierten Zahlungsprozess automatisiert und geprüft, gezahlt und verbucht worden. Die Zahlungen wurden nach automatisierter Validierung der Transaktion mit Hilfe eines Smart Contracts abgewickelt.[46]

---

[45] Vgl. *Wannenwetsch, H.*, Supply Chain im Zeitalter der Digitalisierung, 2021, S. 562-564.
[46] Vgl. *DerTreasurer*, BASF und Evonik testen Blockchain im Zahlungsverkehr, 2021.

5 Ergebnisse

Bei der Blockchain-Technologie entfällt die intermediäre finanzielle Institution. Transaktionen werden direkt von peer-to-peer gesendet und dezentralisiert von den teilnehmenden Knoten aufgenommen und gespeichert. Dabei hat jeder Knoten Zugriff auf die gesamten historischen Daten der Blockchain. Die Daten werden dauerhaft und unveränderbar gespeichert. Um eine Transaktion nachwirkend zu verändern, müsste ein Angreifer mehr als 51% des Netzwerkes kontrollieren. Mit der Auswahl der Art der Blockchain wird festgelegt wer welche Daten einsehen darf. Daten, die auf der public Blockchain gespeichert werden, können von jedem eingesehen werden. Sollen Geschäftskritische Daten nur an gewisse Akteure gelangen so bietet sich die private oder permissioned Blockchain an, die den Zugriff mittels Autorisierungsverfahren beschränkt. Smart Contracts sind programmierte Vereinbarungen von zwei Parteien auf der Blockchain. Rahmenbedingungen wie Betrag, Datum, Auslöser sind im Vertrag aufgenommen. Die neuen Herausforderungen der Digitalisierung an das Supply Chain Management und die Logistik steigert die Komplexität der Prozesse. Hierbei können Wettbewerbsvorteile durch die Reduzierung der Kosten der Kernprozesse und eine Reduzierung der Durchlaufzeiten erzielt werden. Eine wichtige Rolle spielt ebenfalls die Sendungsverfolgung, die den Informationsfluss zwischen den einzelnen Akteuren unde dem Endkunden unterstützt. Ziele des Tracking und Tracing ist die Schaffung von Transparenz und Nachvollziehbarkeit im Supply Chain Management. Die Informationen sollen unabhängig von der genutzten Systemlandschaft an die beteiligten Akteure gelangen. Dabei soll der gesamte Versandprozess und die Herkunft der Güter nachvollzogen werden können. Für die Sendungsverfolgung werden Barcodes, RFID-Chips, GSM und GPS genutzt. Barcodes und RFID hat den Vorteil von geringen Kosten, jedoch ist es abhängig von der vorhandenen Systemlandschaft. Bei der Nutzung von GSM und GPS kann der Versandprozess durchgehend nachverfolgt werden.

Die Blockchain-Technologie bietet eine Vielzahl an vielversprechenden Möglichkeiten. Die notwendige Transparenz und Nachvollziehbarkeit im Supply Chain Management und der Logistik geht einher mit den fundamentalen technischen Vorteilen der Blockchain. Die TrackChain zeigt, wie der Prozess der Sendungsverfolgung anforderungsgerecht auf der Blockchain Architektur implementiert werden kann. Es wird ein eindeutiger

Zeitverlauf der Ereignisse irreversibel und manipulationsgeschützt auf der Blockchain abgebildet. Kombiniert mit der Nutzung einer permissioned Blockchain können geschäftskritische Daten ausschließlich für berechtigte Partei einsehbar sein. Die Daten werden verschlüsselt und dezentral gespeichert. Auch weitere Projekte wie das Verfolgen von Transporten inklusive Standort, Temperatur und Luftfeuchtigkeit durch die CryptoTechAG, der exakten Nachvollziehbarkeit der Herkunft des Kaffees von Starbucks über die gesamte Lieferkette oder die transparente Rückverfolgbarkeit von Kunststoffabfällen über die reciChain, zeigen die hohe Funktionalität der Blockchain Architektur. Die Blockchain löst das Problem des fehlenden Vertrauens zwischen den Geschäftspartnern innerhalb der Supply Chain. Es wird anstelle isolierter Datenbänke eine unternehmensübergreifende Datenbasis geschaffen. Die Blockchain in Verbindung mit der Nutzung von Smart Contracts bietet die Möglichkeit Prozess über die gesamte Supply Chain transparenter und kostengünstiger abzuwickeln. Eine Erfolgreiche Umsetzung der Zahlungsabwicklung konnte schon von BASF und Evonik durchgeführt werden.

6 Fazit

Zusammenfassend kann gesagt werden, dass die Komplexität innerhalt der Supply Chain und in der Logistik durch die Digitalisierung massiv gestiegen ist. Kunden erwarten eine hohe Transparenz und Nachvollziehbarkeit des Lieferungsprozess und in der Herkunft der Güter. In der Supply Chain existieren zwischen den Partnern wie Lieferanten, Herstellern, Händler, Logistik- und Finanzdienstleistern eine Vielzahl an verschiedenen Leistungsvereinbarungen. Im Hinblick auf die Digitalisierung bedarf es Technologien, die einen sicheren und transparenten Datenaustausch ermöglichen, da das Vertrauen unter den Akteuren oftmals nicht gegeben ist. Da Stand heute jede Partei innerhalb der Wertschöpfungskette eine zentrale Datenhaltung führt, ist die permanente Sendungsverfolgung nicht immer möglich. Die Architektur der Blockchain-Technologie bietet mit ihrer Dezentralität, Transparenz und Irreversibilität der Datenhaltung eine perfekte Grundlage, um die steigenden Anforderungen an die Supply Chain und die Logistik zu unterstützen. Smart Contracts und können Vereinbarungen, einsehbar für berechtigte Parteien auf der Blockchain hinterlegen. Dabei werden Prozesse mittels genutzter Event Trigger automatisiert und somit die Durchlaufzeiten der gesamten Supply Chain verkürzt.

Die Anwendungsbeispiele haben gezeigt, dass die Integration der Blockchain eine einheitliche Datenbasis für alle beteiligten Parteien schafft. Durch die vielversprechenden Eigenschaften der Technologie werden nicht nur die Bedürfnisse der Geschäftspartner befriedigt, sondern auch die der Kunden im Hinblick auf die hohe Transparenz und Nachvollziehbarkeit der Herkunft der erworbenen Produkte.

In der wissenschaftlichen Arbeit wurden sehr aktuelle Projekte großer Unternehmen für die Betrachtung der Anwendungsmöglichkeiten verwendet. Es ist aufgefallen, dass die meisten Unternehmen noch am Anfang der Entwicklung und Integration der Blockchain-Technologie stehen. Dies lässt sich begründen durch den erst jüngst steigenden Trend der beschrieben Technologie. Ob diese in naher Zukunft von weiteren führenden, internationalen Unternehmen verfolgt und angewandt wird bleibt die offene Frage.Die Technologie der Blockchain muss dafür nicht nur für große, sondern auch für kleine und mittlere Partner zugänglich gemacht werden, damit jede Partei einer Wertschöpfungskette am Prozess teilnehmen kann.

7 Literaturverzeichnis

Bundesverband Paket & Express Logistik (2020): BIEK – Zahlen & Fakten, <http://www.biek.de/ kep-branche/zahlen-und-fakten.html> (2020), abgerufen am 20. 10. 2021.

Christopher, Martin (2016): Logistics & supply chain management, Harlow, England,Munich: Pearson, 2016.

Cooper, M. C., Ellram, L. M. (1993): Characteristics of Supply Chain Management and the Implications for Purchasing and Logistics Strategy, in: The International Journal of Logistics Management, 4. Jg., Nr. 2, S. 13–24.

Council of Supply Chain Management Professionals (2013): SCM Definitions and Glossary of Terms, <https://cscmp.org/CSCMP/Educate/SCM_Definitions_and_Glossary_of_ Terms.aspx> (2013), abgerufen am 21. 10. 2021.

Davis, T. (1993): Effective supply chain management, in: Sloan Management Review.

DerTreasurer (2021): BASF und Evonik testen Blockchain im Zahlungsverkehr, <https:// www.dertreasurer.de/news/cash-management-zahlungsverkehr/basf-und-evonik- testen-blockchain-im-zahlungsverkehr-2018731/> (20-05-2021), abgerufen am 22. 10. 2021.

English, Matthew, Auer, Sören, Domingue, John (2016): Block Chain Technologies & The Semantic Web: A Framework for Symbiotic Development, in:

Gartner (2021): Digital Disruption Profile: Blockchain's Radical Promise Spans Business and Society, <https://www.gartner.com/en/doc/3855708-digital-disruption-profile- blockchains-radical-promise-spans-business-and-society> (21-10-2021), abgerufen am 21. 10. 2021.

Hillbrand, Christian, Schöch, Robert (2006): Shipment Localization: Ein ganzheitlicher Ansatz zur Verfolgung von Stückgutsendungen, in: S. 91–102.

Kelepouris, Thomas, Theodorou, Lila, McFarlane, Duncan et. al. (2006): Track and Trace Requirements Scoping, Cambridge, 2006.

King, Sunny, Nadal, Scott (2012): PPCoin: Peer-to-Peer Crypto-Currency with Proof-of-Stake, in:

Lehmacher, Wolfgang (2013): Wie Logistik unser Leben prägt: Der Wertbeitrag logistischer Lösungen für Wirtschaft und Gesellschaft, Wiesbaden: Springer Gabler, 2013.

Lin, Iuon-Chang, Liao, Tzu-Chun (2017): A Survey of Blockchain Security Issues and Challenges, in: International Journal of Network Security,, Nr. 19, S. 653–659.

Linke, D., Strahringer, S. (2018): Integration einer Blockchain in ein ERP-System für den Procure- to-Pay-Prozess: Prototypische Realisierung mit SAP S/4HANA und Hyperledger Fabric am Beispiel der Daimler AG, in: HMD Praxis der Wirtschaftsinformatik, 55. Jg., Nr. 6, S. 1341– 1359.

Meischen, Katharina (2021): BASF introduces innovative pilot blockchain project to improve circular economy and traceability of recycled plastics, <https://www.basf.com/us/en/ media/news-releases/2020/02/basf-introduces-innovative-pilot-blockchain-project-to- improve-c.html> (11-02-2021), abgerufen am 22. 10. 2021.

Nick Szabo (1997): The Idea of Smart Contracts, <https://www.fon.hum.uva.nl/rob/Courses/ InformationInSpeech/CDROM/Literature/LOTwinterschool2006/szabo.best.vwh.net/ idea.html> (1997), abgerufen am 20. 10. 2021.

Satoshi Nakamoto (2008): Bitcoin: A Peer-to-Peer Electronic Cash System, in:

Schütte, Julian, Gall, Mark (2020): TrackChain: Blockchain-basiertes Track & Trace in Supply Chains mit dem Industrial Data Space, in:

Shin, L. (2015): Bitcoin's Shared Ledger Technology: Money's New Operating System, in: Forbes.

Sixt, Elfriede (2017): Bitcoins und andere dezentrale Transaktionssysteme, Wiesbaden: Springer Gabler, 2017.

Sokolowsky, Jennifer (2019): Starbucks turns to technology to brew up a more personal connection with its customers, <https://news.microsoft.com/transform/starbucks-turns-to-technology-to-brew-up-a-more-personal-connection-with-its-customers/> (2019), abgerufen am 22. 10. 2021.

Swan, Melanie (2015): Blockchain: Blueprint for a new economy, O'Reilly Media, Inc., 2015.

Vincenzo Morabito (2017): Business innovation through blockchain: The B³ Perspective, Cham: Springer International Publishing, 2017.

Volker Brühl (2017): Bitcoins, Blockchain und Distributed Ledgers, in: Wirtschaftsdienst, 2017. Jg., Nr. 2, S. 135–142.

Wannenwetsch, Helmut (2021): Integrierte Materialwirtschaft, Logistik, Beschaffung und Produktion, 6. Aufl.Berlin,Heidelberg: Springer Vieweg, 2021.